Spielerisch Deutsch lernen

Lustige Sprachspiele

Illustration: Anke Dammann

Hueber Verlag

Genehmigte Sonderausgabe für Hueber Verlag GmbH & Co. KG
Max-Hueber-Straße 4, 85737 Ismaning

3. 2. 1. | Die letzten Ziffern
2015 14 13 12 11 | bezeichnen Zahl und Jahr des Druckes.
Alle Drucke dieser Auflage können, da unverändert,
nebeneinander benutzt werden.
1. Auflage

Umschlaggestaltung: Parzhuber und Partner, München
Illustration: Anke Dammann
Pinguin: © iStockphoto/nokee
Layout: arsEdition
Satz: arsEdition
Druck und Bindung: Holzmann, Bad Wörishofen
Printed in Germany
ISBN 978-3-19- 099470-0

Was siehst du hier?
Sprich die Dinge laut aus und höre genau hin.
Welche beiden Wörter reimen sich jeweils?
Verbinde mit Linien.

Sprich die Dinge,
die du hier sehen kannst, laut aus.
Versuche dabei das Wort in Silben zu trennen
und klatsche dazu.
Male passend Würfelpunkte in die Kreise.

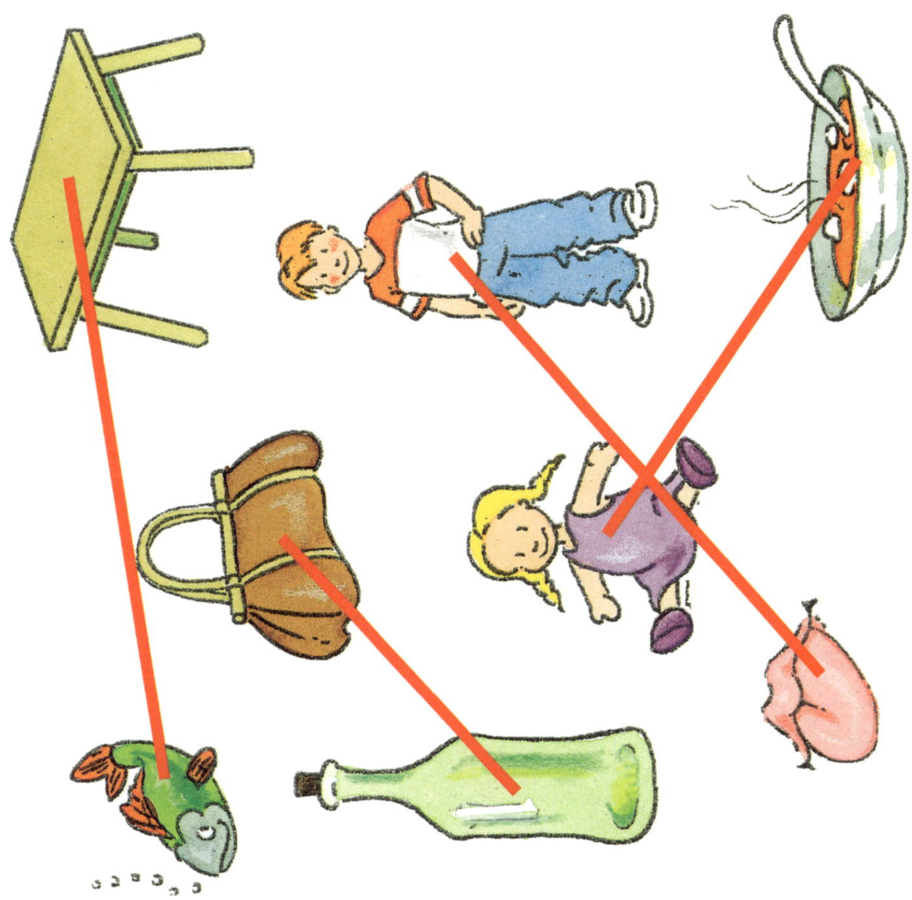

Oje, hier ist die Bildergeschichte durcheinandergeraten.
Bringe sie in die richtige Reihenfolge und schreibe Zahlen von 1 bis 4 in die vorgegebenen Kästchen.
Erzähle die Geschichte.

Hör genau hin:
Welche Wörter sind lang und welche kurz?
Unterstreiche die langen Wörter.
Male die Bilder aus.

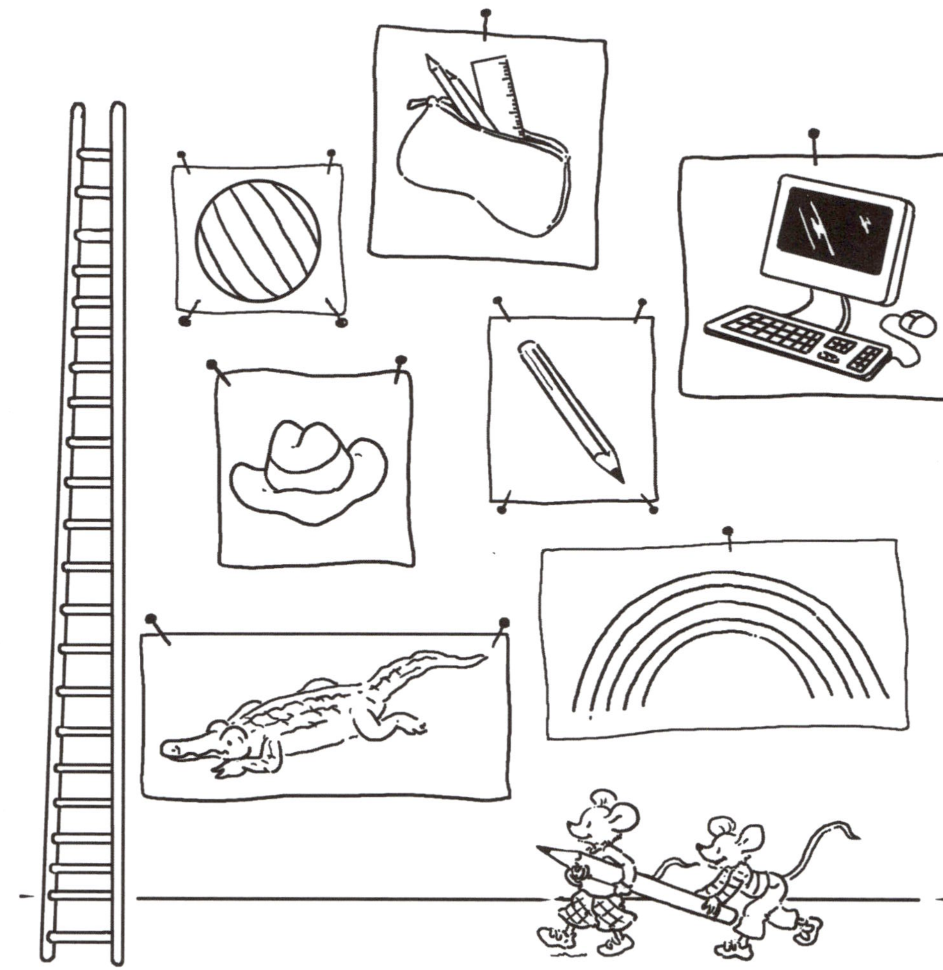

4
1
3
2

Immer 2 Wörter ergeben zusammengesetzt
ein neues Wort.
Was ergibt einen Sinn?
Verbinde die Paare mit einer Linie.

Immer 3 Dinge gehören zusammen
und bilden eine Gruppe.
Male jede Gruppe in einer anderen Farbe aus.
Finde den jeweiligen Oberbegriff.

Tiere, Spielzeug, Möbel

Der Affe Anton angelt das A.
Findest du in diesem Bild noch andere Dinge,
die mit einem A beginnen?
Kreise sie ein.

Was ist denn hier passiert?
Überlege dir, was Lena und Leon
wohl hier sehen.
Erzähle es und male es dazu.

Der Elefant ist in den Porzellanladen gestolpert
und hat einiges kaputt gemacht.
Beschreibe die Szene: Was befindet sich neben,
auf und hinter dem Elefanten?

Lilli überlegt:
In welchen Wörtern findet sich das E wie Esel?
Hör genau hin und male diese Dinge an.

Berni Bär frisst gerne Butterbrot.
Auch die anderen Tiere mögen nur Dinge,
die mit ihrem Anfangsbuchstaben beginnen.
Verbinde mit Linien.
Fällt dir noch etwas ein? Male es dazu.

Immer 2 Karten ergeben ein Gegensatzpaar.
Verbinde mit Linien.
Weißt du auch, wie die Gegensätze heißen?

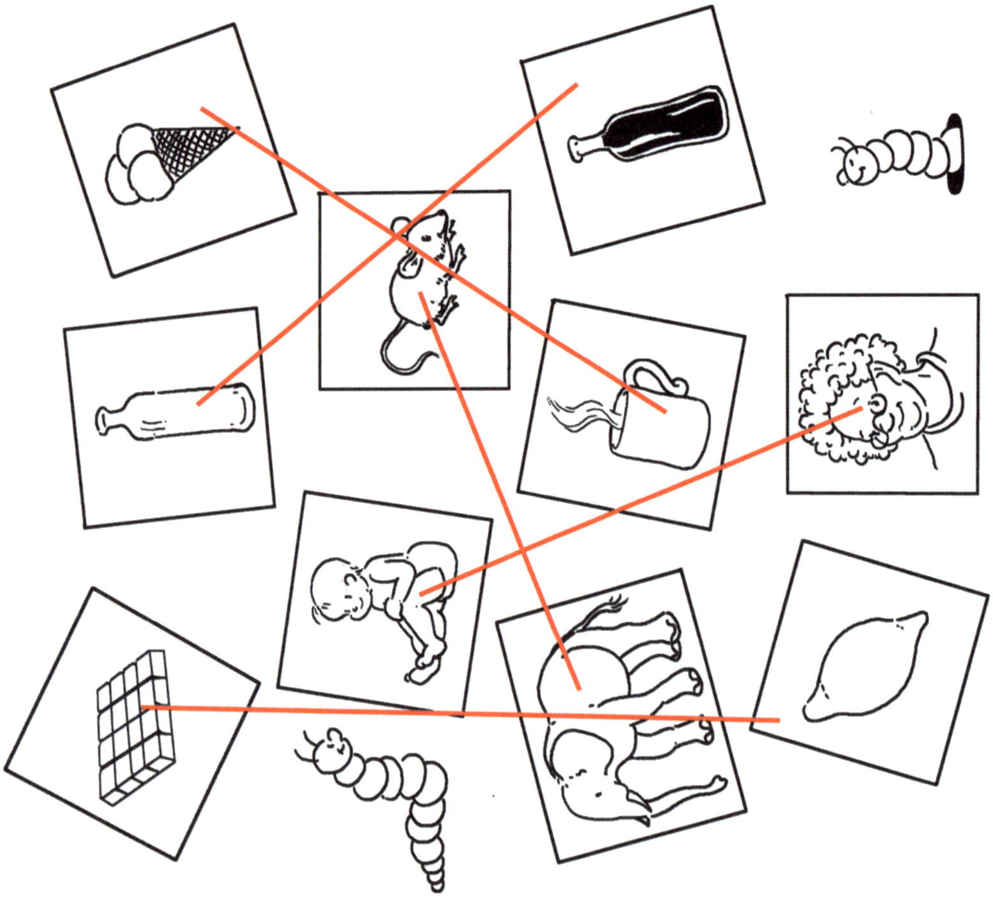

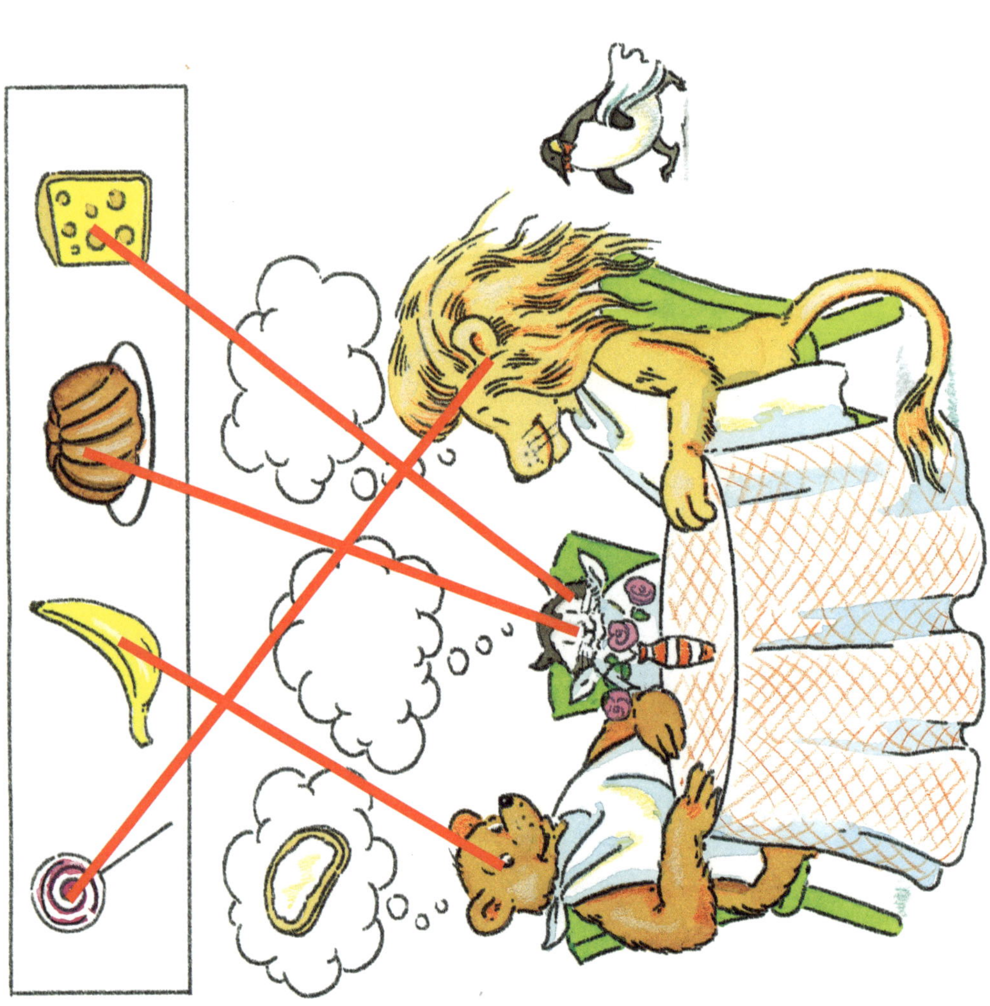

Benni weiß, dass immer 2 abgebildete Dinge gleich heißen: Welche sind das?
Sprich die Dinge laut aus, dann weißt du es.
Verbinde mit Linien.

Der Dachs zeigt dir das D.
Welche Wörter fallen dir ein, die mit einem D beginnen?
Finde mindestens 5.
Male die Dinge in die Kreise.

Sprich die Dinge, die du hier siehst, laut aus.
Kannst du das S hören?
Befindet sich das S am Anfang,
in der Mitte oder am Ende des Wortes?
Kreuze die Schlange richtig an.

Bilde eine Wortkette,
indem du die Dinge, die du hier sehen
kannst, richtig aneinanderordnest.
Male sie in der richtigen Reihenfolge
in die Kreise.

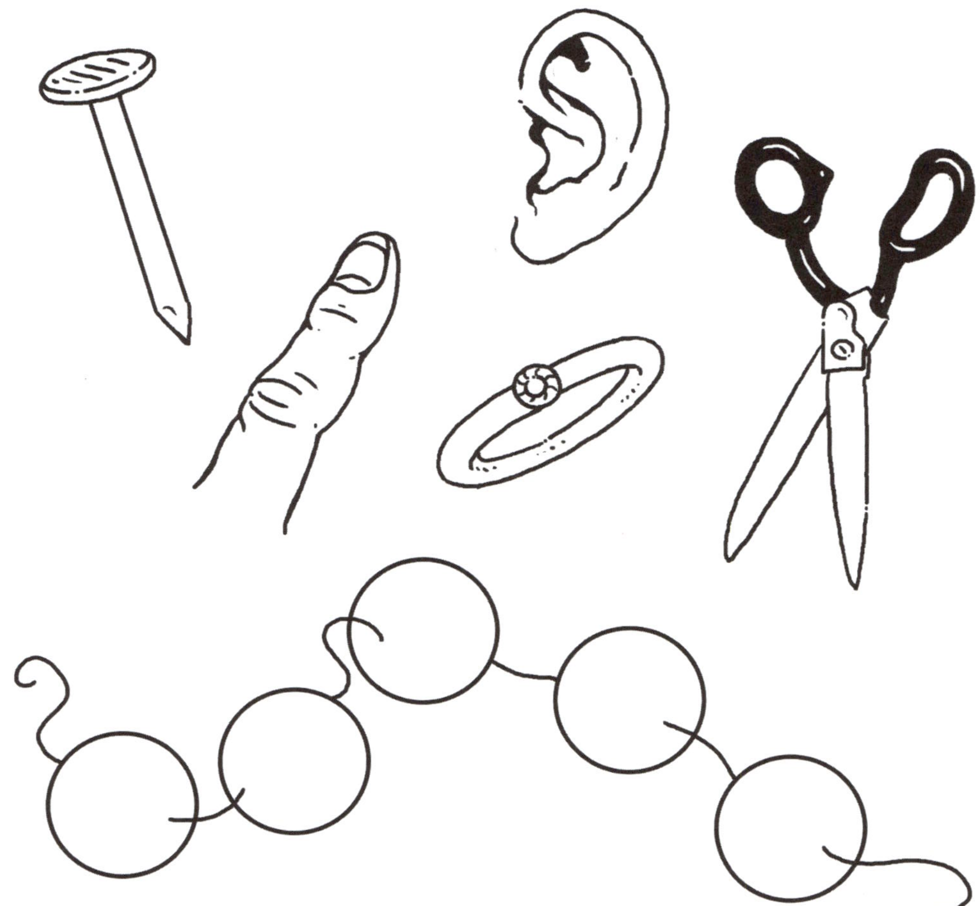

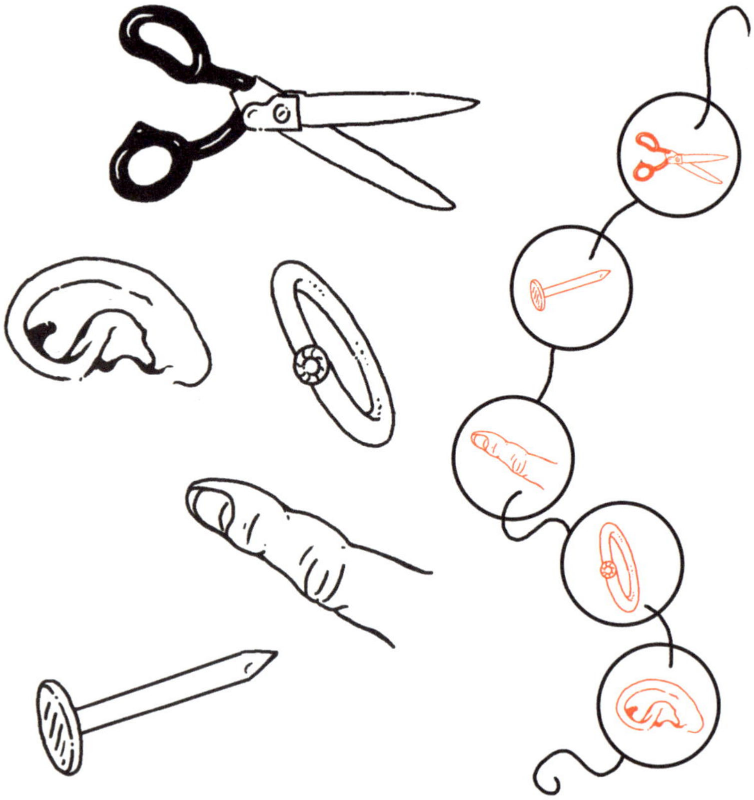

Das ist aber eine lustige Naskröte.
Wie könnten die anderen Fantasietiere heißen?

Überlege dir eine lustige Geschichte,
in der alle 5 Gegenstände vorkommen.
In das leere Feld darfst du dir zusätzlich
noch einen Gegenstand ausdenken
und hineinmalen.

Sprich das Wort laut aus
und mach aus einem Ding viele Dinge.
Die Zahl darüber gibt dir an,
wie viele Dinge es sein sollen. Male sie dazu.
Wie heißen diese Dinge in der Mehrzahl?

Kannst du schon reimen?
Mia hat sich immer 2 Dinge überlegt,
die sich reimen.
Findest du sie? Sprich sie laut aus und
überlege dir damit ein lustiges, kleines Gedicht.

Reifen, Würste, Mäuse, Engel, Stühle

Wie viele Wörter fallen dir ein,
die mit dem Wort Apfel anfangen und
mit einem anderen Wort zusammengesetzt sind?
Male die Dinge dazu.

Sprich die Dinge,
die du hier sehen kannst, laut aus.
Versuche dabei das Wort in Silben zu trennen
und klatsche dazu.
Male passend Würfelaugen in die Kreise.

Zum Beispiel: Apfelsaft, Apfelkuchen, Apfeltasche, Apfelblüte, Apfelkern

Hör genau hin: Welche Wörter sind lang
und welche kurz?
Unterstreiche die langen Wörter.
Findest du die Dinge im Bild wieder? Kreise sie ein.

Oje, hier ist die Bildergeschichte
durcheinandergeraten.
Bringe sie in die richtige Reihenfolge und
schreibe Zahlen von 1 bis 4 in die Kästchen.
Erzähle die Geschichte.

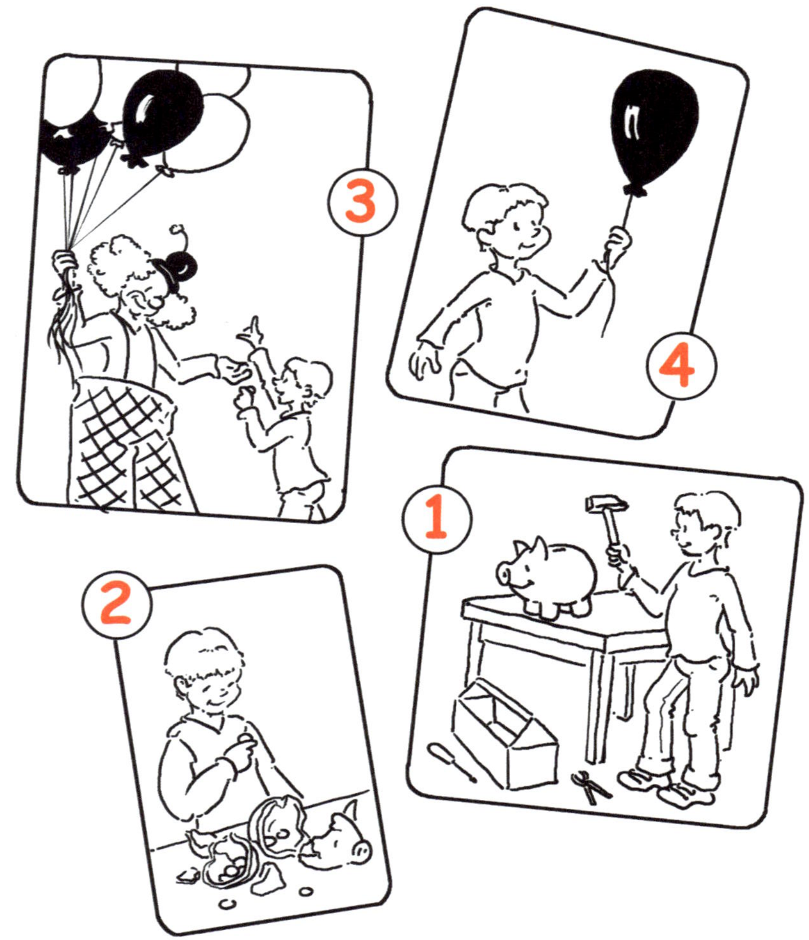

3
4
1
2

Lina sitzt auf ihrem Kletterbaum und liest.
Doch was passiert über und unter ihr
und links und rechts neben ihr?
Beschreibe das Bild.

Fredi Frosch fängt Fliegen.
Findest du in diesem Bild noch andere Dinge,
die mit einem F beginnen?
Kreise sie ein.

Welche Gegenstände ergeben zusammengesetzt mit dem Wort Koch einen Sinn?
Verbinde die Paare mit einer Linie.
Fällt dir vielleicht noch ein anderes Wort ein?
Male es dazu.

Was siehst du hier?
Sprich die Dinge laut aus und höre genau hin.
Welche beiden Wörter reimen sich jeweils?
Verbinde mit Linien.

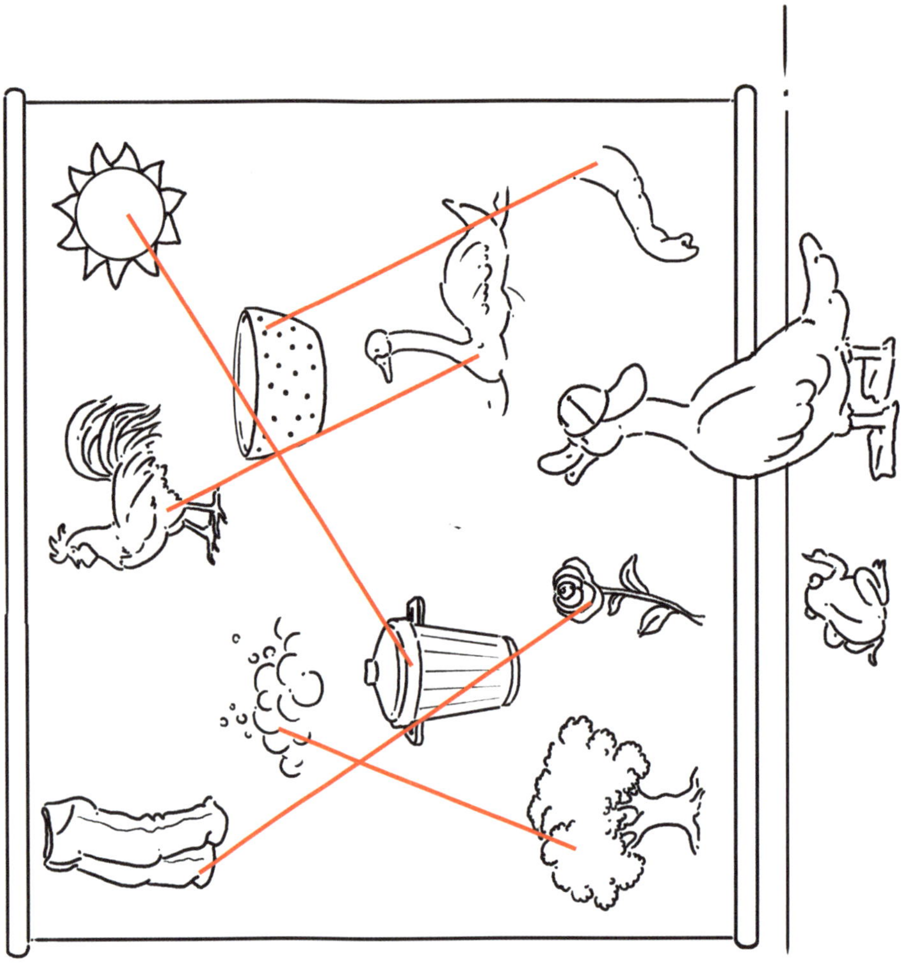

Mimi Maus zeigt dir das M.
Welche Dinge fallen dir ein,
die mit einem M beginnen?
Finde mindestens 5. Male sie in die Kreise.
Fahre das M mit einem Stift bunt nach.

Immer 3 Dinge gehören zusammen
und bilden eine Gruppe.
Male jede Gruppe in einer anderen Farbe aus.
Nun hast du viel ...? Finde den Oberbegriff.

Obst, Geschirr, Kleidung

Oje, hier ist die Bildergeschichte
durcheinandergeraten.
Bringe sie in die richtige Reihenfolge
und schreibe Zahlen von 1 bis 4
in die vorgegebenen Kästchen.
Erzähle die Geschichte.

Karl hat sich zum Geburtstag
nur Dinge gewünscht, die mit einem K anfangen.
Was könnte das sein?
Male ihm seine Geschenke dazu
und das Bild bunt aus.

1
2
3
4

Bilde eine Wortkette, indem du die Dinge,
die du hier sehen kannst,
richtig aneinanderordnest.
Male sie in der richtigen Reihenfolge in
die Kreise.

Das sind aber merkwürdige Fantasietiere.
Wie könnten sie heißen?
Kannst du sie auch richtig zusammensetzen?
Male sie bunt an.

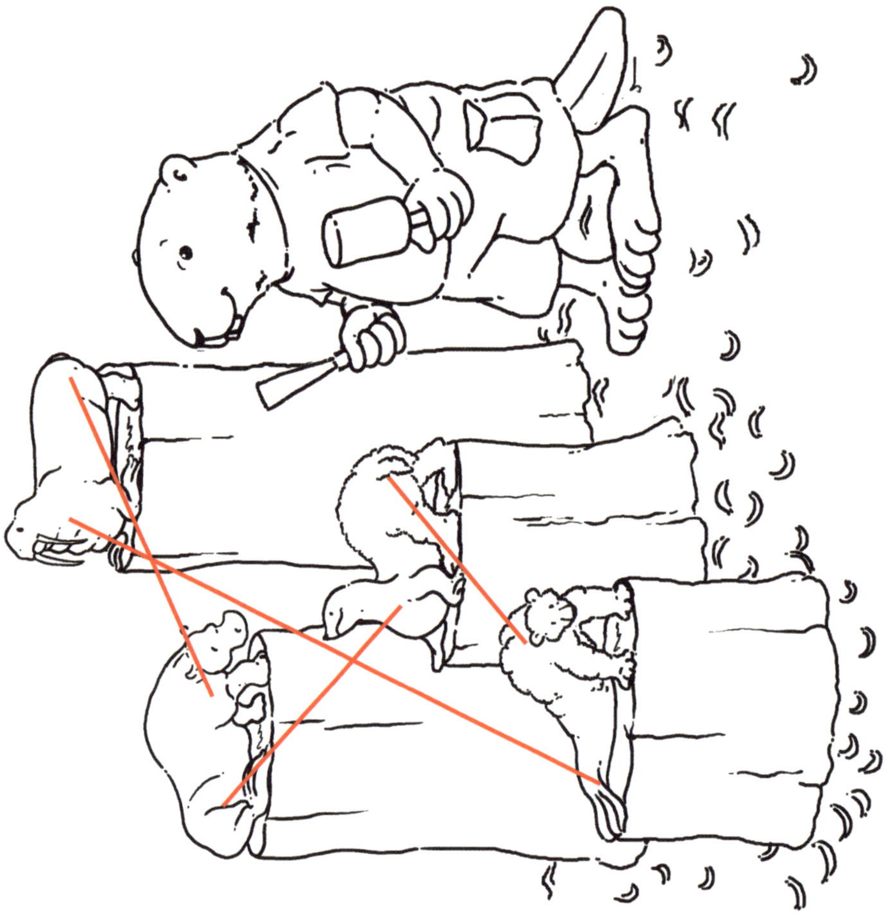

Maxi träumt von seinem letzten Urlaub.
Wo war er und was hat er dort gemacht?
Überlege dir eine kleine Geschichte
und male ihm ein Traumbild.

Was siehst du hier? Sprich das Wort laut aus
und mach aus einem Ding viele Dinge.
Die Zahl gibt dir an,
wie viele Dinge du dazumalen sollst.
Wie heißen diese Dinge nun in der Mehrzahl?

Besen, Erdbeeren, Drachen, Würmer

Welche Wörter ergeben zusammengesetzt
mit dem Wort Sonne einen Sinn?
Sprich alle Wörter laut aus und überlege gut.
Verbinde mit Linien.

Leo Löwe lernt Lesen.
Findest du in diesem Bild noch andere Dinge,
die mit einem L beginnen?
Male sie an.

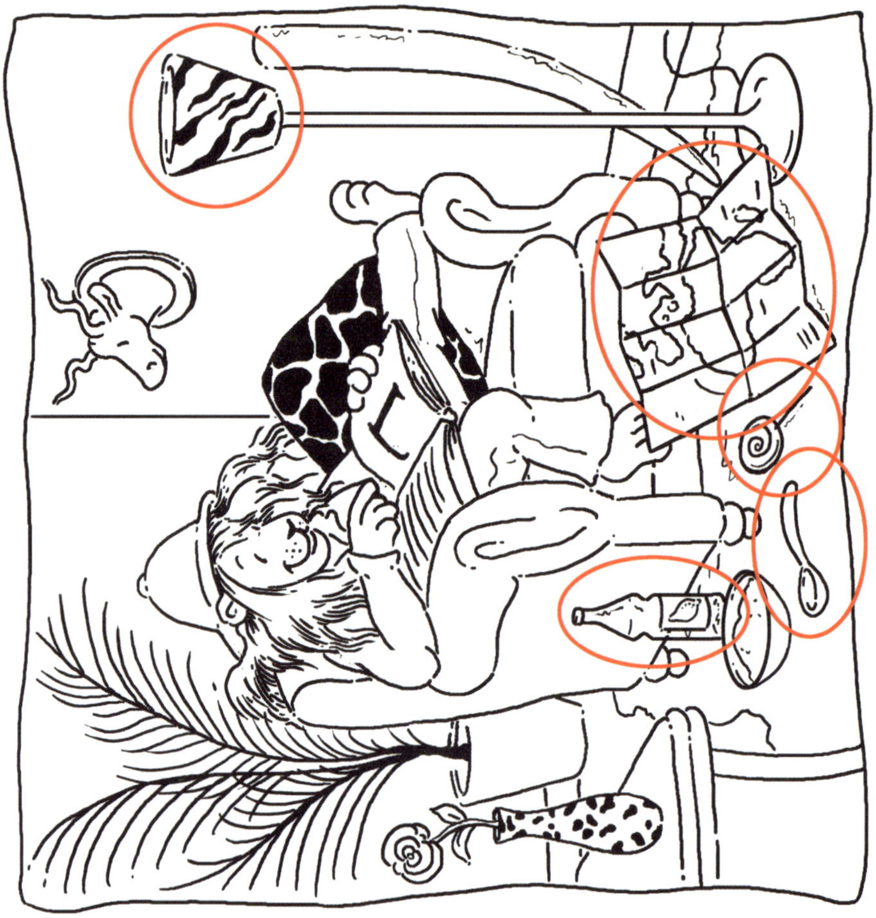

Kannst du schon reimen?
Im Kindergarten überlegt sich jedes Kind
2 Dinge, die sich reimen,
Sprich sie laut aus und überlege dir damit
ein lustiges, kleines Gedicht.

Hier siehst du
zusammengesetzte Wörter.
Kannst du aus ihnen
jeweils 2 Wörter machen?

Eis - Bär

Haus - Schuhe

Tee - Kanne

Sonnen - Brille

Blumen - Topf

Schnee - Mann

Überlege dir eine lustige Geschichte,
in der alle vier Gegenstände vorkommen.
In das leere Feld darfst du dir zusätzlich noch
einen Gegenstand ausdenken und hineinmalen.

Ulli überlegt sich Wörter, in denen ein U
vorkommt. Aber stimmen alle ihre Wörter?
Sprich sie laut aus und höre genau hin.
Streiche die Wörter durch,
in denen du kein U hörst.

Welche Gegenstände ergeben
zusammengesetzt einen Sinn?
Probiere aus und verbinde
die zusammengehörenden Dinge
mit einer Linie.

Merke dir den Anfangsbuchstaben
des ersten Wortes in jeder Reihe.
Wo hörst du denselben Laut
in den 3 daneben dargestellten Wörtern?
Male das jeweilige Bild aus.

Hanna möchte sich als Prinzessin verkleiden. Aber die Reihenfolge der Bilder stimmt nicht. Kannst du sie mit Zahlen von 1 bis 4 richtig ordnen? Beschreibe die Bilder dabei.

Hör genau hin:
Welche Wörter sind lang und welche kurz?
Unterstreiche die langen Wörter.
Male das Bild an.

3
2
1
4